Grito autista

Julieta Ax

Título: Grito autista

Copyright © 2018 Julieta Ax

Todos los derechos reservados.

Imagen de portada: Laura Marostegan

ISBN: 9781731454409

Espero que este libro muestre un poco de lo que puede haber dentro de una mente autista. Cada persona es un mundo, pero quizás mis palabras sean el grito no pronunciado de muchos. Quizás les ayude a expresar sentimientos silenciados.

Julieta Ax

*Para mi querida Yone, quien me ayudó a ver de qué planeta venía.
Gracias por su tiempo, paciencia y empatía.
Me ayudaste a conocerme y a conocer a los demás.*

ÍNDICE

Prólogo 11

¿Qué siento? 12

Obligada 14

Hablo mucho 16

Sinceridad 18

No quieres ser tú misma 20

Insomnio 22

Tus lágrimas 24

Blanco y negro 26

Metáforas 28

Empatía (un grito autista) 30

Querer morir 32

Mentiras 35

Infantil 38

Hiperprogramado 40

Preguntas 43

Amistad 45

Ansiedad 48

No pasa nada 50

¿Super héroes? 53

¡Hazme sonreír! 56

Incertidumbre 58

Literal	60
Útil	62
Perdón	64
Emoticones	66
"Pareces normal"	68
Tonos de voz	71
Impaciencia	74
Misma edad	76
Resiliencia	80
Mi espacio	82
Final	85
Epílogo	88
Agradecimientos	91
Sobre la autora	92

Prólogo

Muchos autistas no tienen facilidad para expresar lo que sienten.

¿Qué sentimos cuando no decimos nada?

Muchos libros han abordado este tema, y quizás no te parezca que la poesía es la indicada para explicar este mundo desconocido.

Pero la poesía dice más que mil palabras, y no miente. Es un viaje a nuestro interior.

No todos autistas somos iguales, por eso trataré de llenar este libro solamente con sentimientos que la mayoría tenemos en común.

Aquí dejo un pedazo de mi ser para que conozcan ese planeta que pocos saben que existe.

¿Qué siento?

he perdido días enteros
tratando de entender mi sentir

cuando una sensación desconocida
se apodera de mi mente
me pierdo
en un rompecabezas eterno

he tratado de solucionar enigmas
sobre mis emociones

pero un sin fin de palabras
no transmiten nada de lo que pueda sentir
todo es vacío
nada completa el ritmo
del pulsar de mi corazón
o de la angustia de mi alma

he inventado nuevas palabras
pero nadie las entiende

y ¿cómo traducir a este mundo
el tono del lenguaje desconocido

el desorden en mis neuronas
la fuerza con la que el sonido me asfixia?

si no puedo entender lo que siento
si no pueden entender lo que digo
les regalo el silencio de mi alma
y miradas perdidas
que buscan un lugar muy distante de aquí
un planeta en donde mi idioma al fin exista

Obligada

levantas de tu cama
pero querías seguir durmiendo
dejas de soñar
para vivir en el mundo real
otro día más
obligada

te preguntan cómo estás
intentas sonreír
bien dicen todos
¿qué más puedes decir?

todos salen
debes irte
pero solo te quieres quedar
tus piernas van en una inercia
obligada

hablan de temas sin importancia
tu cerebro siente que pierdes tiempo
pero tus labios crean frases sin sentido
tu boca se mueve
obligada

y te callas cuando te gustaría hablar
cierra la boca cuando quieres gritar
abre los ojos cuando deseas llorar
y sigues viviendo
obligada

a nadie le importa lo que pasa por tu mente
el mundo se mueve
al ritmo de la mayoría
y giras junto a todos
y ajena a todo
atrapada en su órbita
obligada

Hablo mucho

me pides hablar al ver mi silencio
y luego si hablo

hablo mucho

tus ojos parecen interesarse en lo que digo
pero ¿cuán sinceros pueden ser?

millones de ideas surgen en mi mente
interesantes mundos abren frente a mí
quisiera compartirlo
que sientan mi emoción
pero aburridos me dicen

que **hablo mucho**

¿de qué sirve leer tanto
si no puedo compartir?
¿cuál el provecho de desvendar misterios
si a nadie le interesa mi saber?

Grito autista

me apartan de todos
me niegan su tiempo
y las paredes me gritan

que **hablo mucho**

Sinceridad

dices la verdad
pero a nadie le gusta

en este mundo donde ser sincero
está extinto
tus palabras hieren
sin querer
a los que te rodean

¿qué haces en un planeta
donde escuchar la verdad
es un pecado
y mentir
es la esencia del vivir?

buscas miradas sinceras
mientras todos usan máscaras
que ocultan lo que son

tu ingenuidad
te destruye
cada vez que vuelves a confiar
te enfrentas a una decepción más

tu sinceridad vale oro
pero ya todos tienen un corazón de hierro
el oro es demasiado para ellos
les refleja lo que realmente son
molesta
pesa en sus conciencias

al final aprendes a callarte
renuncias al don del habla
prefieres eso
a cambiar tu idioma
tu esencia
tu alma

No quieres ser tú misma

no quieres ser tú misma
cada vez que algo te cuesta trabajo
o cuando el mundo es tan complejo
y las personas tan distintas a ti

no quieres tener tus neuronas
si estas te atrapan en este rompecabezas
cada día en que nubes grises cubren tu cielo
y buscas un escape
sin encontrarlo en ningún sitio

el espejo te molesta
cuando no entiendes tus propias expresiones
es como si tu verdadero ser
estuviera encerrado en tu inconsciente
jamás te podrás ver

y gritas a la vida
odias al mundo

hasta que el mañana trae un lindo sol
cielo azul que te fascina
mar verde que te vuelve a dar vida

y te vuelves a querer
o al menos aceptar
otro día más

Insomnio

tienes sueño
hay silencio
todo está oscuro
y te acuestas
todo parece perfecto
para hacer descansar tu alma

pero lo imperfecto está dentro de tu cerebro
caja gris que no deja de trabajar

infinidad de pensamientos te visitan
mientras buscas un escape
sin remedio alguno

te das vueltas en tu cama infinitas veces
solo para percatarte de que no hay posición perfecta
ni nada que pudieras hacer

luego miras al reloj
comprobando lo poco que falta para el sol salir

el mundo duerme a tu alrededor

y al otro día
exactamente como todos los anteriores
ensayas tu mejor sonrisa
y un "todo bien" para cuando te pregunten
y seas obligada a mentir

Tus lágrimas

sientes más que los demás
y por eso lloras

nadie ve tus lágrimas
pero caen con el invierno
con la lluvia gris
con el blanco del cielo

un vacío siempre pasea por tu alma
como si un pedazo faltara

y es que extrañarás tu lejano planeta
mientras caminas por este tan sin ti
tan sin nada

y cuando la noche está oscura
y brillan miles de estrellas
te ilumina el alma
te lleva el dolor

no hay pena que mil años dure
pero hay penas que guardas
entre mil neuronas

te aferras a ellas
sin dejarlas ir

y en este bailar de lágrimas y penas
seguidas por risas y felicidad
vive un ser que anhela la paz eterna
el ruido constante de las olas del mar
el olor de la sal

y el ritmo del corazón
es a veces como la melodía de la lluvia al caer
y en otros momentos
es como el sonido de mariposas a volar

y compones versos
o solo te los callas

para que todo cobre sentido

y tu silencio te calma

Blanco y negro

siempre viste todo
en blanco y negro
y ahora hablan de colores
dicen que siempre estuvieron ahí
pero no tienes lentes mágicos
no los puedes ver

¿cómo puede el malo ser bueno?
¿cómo puede la mentira ser verdad?

dicen que vives en los extremos
que esta no es la realidad

¿cómo puede la lógica ser ilógica?
¿cómo puede algo que duele ser bondad?

aunque te obliguen a aceptar que el gris existe
que todos los otros tonos están allí
te rompes tu cerebro
pero no logras entender

no pueden decir que te quieren
y luego abandonarte

no pueden decir que hables
y al minuto siguiente
ordenar que te calles

¿cómo pueden ser un poco malos
y aun así buenos?
¿cómo pueden decir ser amigos
si nunca están ahí para ti?

solo tienes neuronas blancas y negras
y todo debe encajar acá o allá
no hay otra manera de lograr el orden perfecto
no tienes tintas grises
ni gafas de color gris

sufres
es cierto
porque no logras entender
y es que este planeta es confuso
y las personas se visten de gris
para que no veas su realidad

¿o no existe tal "realidad"?
¿cómo sabrás?

Metáforas

mi corazón duele
pero no llames a un cardiólogo
él no sabría qué hacer

quizás me falte un tornillo
pero no existe ningún mecánico
que me pudiera reparar

y es que el mundo está gris
cuando algo está triste
pero
aunque el sol brille
seguirá igual

y las horas vuelan
aunque el reloj no tenga alas
y me comería un león
sin dejar de ser vegetariana

porque nada puede ser literal
mientras te golpean y ves estrellas
porque cuando se trata de este planeta

rayar el disco
no tiene nada que ver con música

y si te cuesta entenderlos
intenta bailar lo que suene
aunque seas torpe
y no sepas como mover

porque si aquí seguiremos
plantados
pero sin ser semillas
moriremos con las botas puestas
aún con los pies descalzos

y si después de leer esto
te sale humo de la cabeza
no llames a los bomberos
no lo podrán apagar

Empatía (un grito autista)

al decir que me falta empatía
muestras que también a ti te debe faltar
porque no entiendo todo lo que sientes
y no comprendes mi aparente frialdad

lloras tanto con una película
pero no sabes cómo sufro con la vida real
y si te parece triste cómo un actor finge el muerto
sabrás que me duele mucho más ver a muertos fingiendo vivir

y es que la lógica dirige mi cerebro
como las emociones hacen con el tuyo
y si vieras mucho más allá de mi rostro
sabrías cuanto me importa lo que sientes tú

no te daré abrazos y besos
pero te querré como nadie más
y el día que todos te abandonen
seré yo que aún seguirá ahí

y es que la lealtad es más importante
que palabras perfectas

miradas correctas
y cariño a tu piel

no lloraré frente a ti
pero no significa que no sepa llorar
un océano podría llenarse
con lágrimas que nadie más ve

dices que no tengo empatía
pero solo entiendes a seres iguales a ti
yo debo ponerme en otros zapatos
respirar oxígeno de otro planeta
y diariamente luchar
para vivir en un lugar
que nunca fue mío de verdad

y n u n c a s e r á

Querer morir

¿cuántas veces quisiste morir?

¿es posible contarlas?

cada momento que tu cerebro
gritaba por un poco de paz
y tus neuronas cansadas
se hundían en la desesperación

¿cuántas veces deseaste cerrar los ojos y no abrirlos más?

cuando respirar aire de este planeta
ya era más de lo que podrías hacer
y lloraste
o ni siquiera supiste llorar

¿cuántas veces te rendiste de la vida
de la gente
del mundo?

¿cuántos pedazos rotos has dejado por el camino
en la luna

en la oscuridad
en el mar?

¿cuántas veces te volviste a sanar solo
remendar tus heridas
costurar tu corazón roto
pegar los pedacitos de tu ser?

no podrías contar
es imposible
¿verdad?

no son momentos eternizados en selfies
no están etiquetados en redes sociales
no están tatuados en tu piel

pero sabes que existieron
y que volverán a existir
bruscamente
sin pedir permiso

entrarán por la ventana de tu alma
y volverás a luchar

porque eres más fuerte de lo que crees

siempre *eres más fuerte de lo que crees*

Mentiras

te mienten
sin saber el daño que te causan

es como una espada
que atraviesa tu corazón

despedazan tu confianza
sin vuelta atrás

y ni mil perdones
podrán arreglar la herida
que como con hierro caliente
fue tatuada en ti

te mienten
y vuelven a mentir

lenguaje que tu alma no comprende

y mejor sería morir
más bien que te negaran la verdad

tu ingenuidad te vuelve a destruir
cada vez que lo vuelven a hacer
(y ten seguro: ¡lo harán!)

porque la vida en este planeta
es ajena a la sinceridad
odian la verdad

y te desarman

hacen añicos a tu corazón

y piden perdón
sin saber el daño irreparable
el caos infinito
en el que te hicieron caer

el rencor no es inherente en ti
así que vuelves a perdonar
a querer
a aceptar

pero nada nunca más volverá a ser igual
porque mitad de tus neuronas les quiere creer
y toda la otra mitad

ha sido asesinada
no existe

te destruyeron

destrozaron lo más preciado que les regalaste

no puedes darles
algo que ya no existe
algo que ellos mismos

rompieron en mil pedazos

Infantil

hablas de avances científicos
puedes entender el cuerpo humano
más que tu doctor

sin embargo

sabes muy bien que dentro de ti
vive un niño que nunca se irá

hablas del universo con palabras difíciles de entender
pero si pudieras ser tú mismo

usarías tu sueldo solo para comprar juguetes

vivirías en una casa en el árbol
y correrías por las calles en lugar de caminar
cantando en voz alta tus músicas favoritas
bailando sin saber hacerlo

sigues las reglas de adultos

sin serlo

no saben que tus gustos te delatan

y el único juego que te permiten seguir jugando

es el de fingir

ser alguien que no puedes ser

en un planeta que no era tuyo

si los miraras directamente
podrían ver el niño que aún sigue allí

pero apartas la mirada
sigues adelante

sin rendirte

sin alternativa

Hiperprogramado

las personas simplemente viven

nosotros no

como si de un computador se tratara
gastamos nuestra energía
en la hiperprogramación

y nos saludan sin percatarse
de todos los cables que unimos
para programar cada palabra
cada mirada
cada gesto

y pasear sería divertirse
si nuestro cerebro
no jugara a escribir guiones
inventar bosquejos
memorizar frases
dibujar mapas

y es que antes de abrir la boca
pasamos minutos

horas
o incluso días
tratando de elegir
la palabra correcta
idea exacta
texto perfecto

las personas solo se dejan vivir

para nosotros vivir
es un problema matemático sin final

¿qué podemos hacer
cuando nascemos programados
para hiperprogramar?

cargamos la batería
respiramos hondo

y esperamos con urgencia
llegar a casa
cerrar la puerta

y apagar todo

para intentar solo vivir

porque "solo vivir"
para nosotros

es estar solos

Preguntas

cómo entender lo que preguntan

si ¿cómo estás?
significa "hola"

y ¿qué te parece?
significa "dime que está bien"

cómo saber las respuestas correctas
cuando las palabras no son lo que parecen
o cuando ni siquiera quieren una respuesta

si está feo
debo decir que está lindo
si odio
debo decir que me encanta

¿hay un lenguaje más confuso
que el del planeta tierra?

si digo lo que pienso
no tengo tacto

si no digo nada
soy mal educada

pides que sea como soy
pero no logro descifrar
lo que sale de tu boca

mejor no me preguntes nada
mejor quítate tu máscara frente a mí
déjame verte por dentro
enséñame qué quieres saber

y estaré aquí con todos los oídos para ti

Amistad

me dices
"soy tu amiga"
y te creo
como si la palabra significara amistad

esculpo tu nombre en madera
para ser eterno
y te regalo mi amor leal

y ya no eres cualquiera
eres parte de mi vida
¡eres mi familia!
te creo
confío en ti

por eso te abro mi corazón
te regalo mis miedos
te cuento mis secretos
y prometo estar siempre ahí
para ayudarte

uso todas mis neuronas tratando de entenderte
hasta que la realidad es más grande que mi ingenuidad

en un descuido abro mis ojos
por un segundo me obligo a aceptar

que tu idioma no es el mío
que tu cerebro no es el mío
que te fuiste antes mismo de venir

y me desconcierta

¿confundiste las palabras?
¿o me confundí yo?

quizás todo el planeta sea demasiado confuso
quizás sea yo la confusa

porque "amiga" no es nada más que "alguien que conoces"
"amistad" no es nada más que "lazos de telaraña"
que se rompen con un soplo
con el viento
con nada

¿por qué mi cerebro lleva tan en serio todo?
¿por qué para mí es tan literal?

mi lealtad me destruye
mi confianza me vuelve a matar

y aunque parte de mí
siempre necesita más gente
parte de mí siempre les teme
aunque parte de mí siempre tiene tanto para dar
parte de mí lo guarda adentro
escondido
a siete llaves

siempre con un pie atrás
intentando comprender los humanos
desvendar el misterio del porqué dicen algo
que nunca es
lo que crees ser

Ansiedad

¿cómo controlar mi ansiedad?

mi cerebro repite lo mismo un millón de veces
mientras espero ansiosa

pero no es normal
y lo sabes
es evidente

las personas dicen estar ansiosas
pero tú no lo estás
*sino **eres***

no es como acostarse y no poder dormir
no es como preocuparse por algo que va suceder

es mucho más
siempre es mil veces más

puedes mirar el celular cien veces por segundo
si esperas algo

puedes mirar el reloj con una enfermiza repetición
si algo va pasar

no te controlas

y has intentado todos los métodos posibles
pero nada sirve

ahí te encuentras atrapada en la locura
(porque no hay nada que te hace sentir más loca)

y cuanto más luchas contra ella
más te vence

mientras una voz casi inaudible te repite:
tranquila
cálmate
¡sé normal!

No pasa nada

te dicen "no pasa nada"
pero pasa
y duele

fingen que te perdonan
y les crees

pero entonces te dejan
y se van

y no pasa nada
porque todo sigue

tu pena sigue
tu llanto sigue
tu desconfianza sigue

y no pasa ningún avión que te rescate de esos sentimientos

de pronto tampoco te puedes perdonar
porque causaste un daño
que quizás fue eterno

y pasan sobre ti
centenas de atardeceres
días en que te recuerdas
y días solo para olvidar

y todo sigue igual

no supiste expresarte
nunca lo sabes hacer
y te dan la espalda
como si cometieras un pecado imperdonable

y tu cerebro juega constantemente
a descifrar
quien es el que está mal

¿tú o ellos?

pero sigue sin pasar nada

no pasan respuestas
no pasan explicaciones

solo noches de insomnio
entre tú y todos tus rompecabezas
(incompletos)

¿Super héroes?

dicen que somos super héroes
que nuestra anormalidad es grandiosa

especiales
genios

dicen que todos debieran de ser como nosotros
que somos superiores

¿pues te digo algo?
¡todo esto es mentira!

mentira barata
(como todas las otras)
que nos entregan envueltas en papel de regalo
para llenarnos de ilusiones
antes de la próxima decepción

no somos nada de esto
no somos mejores que nadie
no tenemos super poderes
ni hacemos del mundo algo mejor

somos lo que somos
y solo nosotros sabemos
cuánto nos duele hacernos los fuertes
cuando somos niños con máscaras de adultos
cuando mil veces lo único que quisiéramos es no existir más

nos dan discursos de motivación
creen que con esto nos basta
creen que eso hará que tengamos miles de amigos
creen que así cuando seamos mayores
podremos cuidarnos solos

¡cuán equivocados están!

al intentar hacernos sonreír
consiguen hacernos llorar
cada vez que volvemos a ver el espejo

no se percatan que lo único que necesitamos
es que entren en nuestro mundo
nos entiendan un poco más
nos ayuden a soportar
(justamente el no ser super héroe)
que nos den una mano

cuando no sepamos
cuando no podamos

seguir de pie

¡Hazme sonreír!

¿qué tal si fueras esa luz
que me hace sonreír?

porque el mundo es tanto
y mis fuerzas se acaban a mitad del camino

¿qué tal si haces ligero este peso en mi espalda
que cargo día a día?

porque necesito más empatía
para respirar en este planeta
sin casco de astronauta

necesito que me des oxígeno
y me ayudes a vivir

y es que no hay nada más fácil que hacerme feliz
(es tan fácil como hacerme triste)

basta una pequeña nota en un papel
para saber que te acuerdas de mí
basta un regalo de esos tan baratos
como lo es dedicarme una canción

mandarme una foto de un paisaje que amo
decirme que mire el universo
porque quieres que elija una estrella

porque al final ser sencilla te complica
y no te das cuenta que basta un emoticón para secar todas
mis lágrimas

sé quién detiene el reloj
del sufrimiento eterno
sé quién pone "pausa" a mi cerebro
y calma a mi ser

no tengas miedo de acercarte
cuando cierro todas las puertas
cuando me escondo sola
cuando tengo puesto mis audífonos

entra en mi universo
aunque jamás te lo pida

y lograrás mucho más de lo que crees

estarás para siempre en mi corazón
corazón que será mucho más feliz

Incertidumbre

dame seguridad
porque lo incierto es bomba para mis neuronas

pierdo el control
y lo pierdo todo

las dudas son como el viento que derrumba un castillo de cartas
te desordena
desorienta
y ni siquiera sabes por donde volver a empezar

no creas posible que mi cerebro se detenga
que mi ser descanse
mientras no dices nada
no me das razones
no me explicas

o peor aún
si dices demasiadas incoherencias
si me das mil razones
si me explicas desde mil puntos de vista

solo dame un camino seguro por el cual seguir

porque la incertidumbre
es como un fuego que arde
desespera
se alimenta de mi ansiedad

y me puede hundir
en esos túneles oscuros
donde no veo salida
donde no tendré salida

Literal

si quieres que te entienda
solo sé específico

si me dices "estoy yendo"
que sea así

no quieras confundirme
dándome una tarea más
trabajo a un cerebro
que nunca tuvo vacaciones

no me digas "llámame cuando quieras"
si "cuando quiera" no es tal cual
no me digas "siempre estaré contigo"
para luego darte la vuelta
y simplemente desaparecer

no es cosa de que yo no entienda
"que un día gris" es triste
o que "me quiero matar" no es un suicidio anunciado

mi lógica puede ayudarme
si las palabras no lo hacen

pero hablo de letras complejamente confusas
que te llevan al "puerto equivocado"

que te "rompen el cerebro"
que ya está roto en tantas partes

Útil

a veces lo único que necesito
es sentir que soy útil
(para callar esa voz interna que repite que no lo soy)

no hace falta que hagas nada por mí
solo dime qué hacer
¡dímelo y lo haré!

dame tareas que ocupen mi mente
¡desafíame un poco más!
(no hay nada más emocionante que un reto)

no tengas miedo
haz que sea difícil
y verás cómo en segundos
toda mi tristeza se irá

¡sí sé!
parece ilógico
pero para mí no lo es

hasta contar cuántas letras hay en un libro
suena más divertido que el aburrimiento continuo

sentir que el mundo pasa
mientras no haces nada

pídeme lo más exótico
raro
imposible

y estarás dándome una razón más por la cual vivir

dime que escriba un libro
componga una canción
pinte un cuadro

y aunque nunca antes lo haya hecho
¡ten por seguro que lo haré!

solo no me abandones conmigo misma
con mis neuronas desorbitadas
mi universo al revés

regálame la felicidad de hacerte feliz
alegría de ver como el reloj avanza
sin estar inerte a su lado
contando cada segundo

Perdón

¿cómo encontrar las palabras adecuadas?

abrimos la boca
sin pensar
(o pensando demasiado
a la velocidad de la luz)
y no nos percatamos que algo sin freno
termina por atropellar
lastima
mata

la sinceridad nos nubla la vista
empaña la razón
no paramos de hablar
tenemos que defender nuestra lógica absoluta

solo después
el reloj se detiene
y miramos al espejo
el reflejo de lo que hicimos

y un diluvio de inseguridad
incertidumbre

dudas
dolor
tristeza anticipada
nos invade
nos ahorca
casi nos deja sin respirar

y nos odiamos con todas las fuerzas
nos arrepentimos con todas las letras

y lo único que nos queda
es que nos regalen su perdón

para calmar un corazón que a veces llega al límite de la locura

corazón que muchas veces
quisiéramos destruir para siempre

Emoticones

un día confundí un perro con una persona
(en la vida real)

y ahora quieres que entienda símbolos en una pantalla
¡imposible!

cuando las caritas felices lloran
te pierdes entre felicidad o tristeza

cuando lo que crees ser susto
es solo vergüenza
te quedas ahí
mandando mensajes equivocados

cuando te mandan besos con corazones
te preguntas si te aman o qué

y es que solo mirarte a los ojos
ya me deja confundida

cuanto más si transformas
tu cara en un dibujo
(amarillo y raro)

así que trata de explicarte más
o usa las palabras

claras
correctas
perfectas

si lo haces
me será más fácil sonreír
(con la carita correcta)

"Pareces normal"

me miras
y te parezco muy normal

mi cara no tiene nada de raro
puedo mirarte a los ojos
(si de verdad lo quisiera hacer)
puedo regalarte una sonrisa
(pero solo si realmente me dieran ganas de sonreir)

crees que soy normal

lo que no sabes
es lo que pasa dentro
lo que mi cerebro esconde
lo que no te voy a decir

sé que hay tornillos sueltos
sé que hay pensamientos sobrando
sistema desordenado
enmarañado
defectuoso

pero no lo sabes
no puedes saber

ni idea tienes de los diálogos mentales
que me repito casi a diario
casi en un ritual continuo y absurdo

no escuchas cuando me creo preguntas
y me repito respuestas
y cómo estoy harta de ellas
cómo las odio
y cómo simplemente las vuelvo a repetir

quizás por falta de oídos que me quieran escuchar
quizás por falta de amigos
que estén aquí

en esos instantes
que las palabras me sobran
y las personas me faltan

minutos donde mi isla desierta
me ahoga
asfixia
mata

sí "pareces normal"
me vuelven a decir

porque no viven conmigo misma
porque no respiran mi locura

no saben lo que es algunas veces
temer estar loca
temer estar sola
temer ser débil

no saben lo que es obsesionarse tanto
y ser inteligente lo suficiente
como para mirarte al espejo
y darte cuenta
de todos los cables sueltos que hay

justo ahí

justo en este lugar
que nadie ve

solo tú misma

Tonos de voz

quisiera tener un control remoto
para controlar el tono de mi voz

de repente hablo tan bajito
que nadie me escucha
nadie me entiende

para luego llegar a mi casa
y hablar tan fuerte
que parezco gritar

¿dónde se esconde el volumen exacto?
¿me ayudarías a encontrar?

camino por la calle
extremadamente feliz
explicándote algo genial
y de repente
me miras con los ojos tan abiertos
una mirada casi asustada
"volví a hacerlo ¿verdad?"
volví a amplificar

cuando grito
era para susurrar
cuando apenas sale mi voz
era para vociferar

quizás falté a clases
el día que enseñaban a hablar
quizás mi voz acompaña
el ritmo de mi corazón

no lo sé

solo sé que es demasiado para mí
es como pilotar un avión
te sientas frente a un panel de control gigante
nadie te enseñó a pilotar
y aparte de mirar tu camino
debes saber controlar mil cosas
(tu voz
tu mirada
tu cuerpo
tus sentimientos
emociones
sensibilidad

no solo a ti misma
sino comprender todos a tu alrededor)

quizás mi caja gris no dé para tanto
quizás sobrepasé todos mis límites

así que ten paciencia
explícame cómo hacerlo

y prometo intentar no ser una molestia para tus oídos

Impaciencia

no es que no quiera esperar
es que no puedo controlar

mi cerebro corre a mil por hora
y no tengo el freno
o no lo sé frenar

te pregunto algo
mientras ya estoy a 100 km
con mil cosas que decir

mi mente me agobia
cuando las esperas son eternas
(algo como un minuto)

mi mente se desespera bañada con inseguridad e incertidumbre
cuando no me dices nada
(por una hora)

cuando los mensajes no son respondidos
(al instante)

intento soportarlo
pero no siempre puedo

por eso dame la mano
llévame a un poco de calma
dime "tranquila" y lo estaré
basta que tu tono sea color alivio

pero no me pidas ser paciente
cuando ya hice mi máximo
cuando ya no puedo más

si llego a mi límite
entonces dame silencio y oscuridad

y cuando no puedas darme paz
dame al menos una dosis de música

de esa que es remedio para cualquier mal

Misma edad

"te hablo de tú para tú"
me dijo un joven de 24 años
un chico de 14 años
un señor de casi 60
una amiga de 26

conversé sobre geografía
con un amigo de 38
pasamos horas jugando a decir capitales de países
y a marcarlas en el mapa

del Universo hablé
con un pequeño de nueve
me contaba de los agujeros negros
sonaba súper interesante

sobre el cerebro humano
con una amiga de 14
estuvimos discutiendo por días
¿éramos dos expertas?
¿o dos niñas que jugaban a aprender?

un niño de 10 años
me hacía preguntas existenciales
complejas
lógicas
(yo que soy enamorada de la lógica)
estaba encantada de contestarle
de conversarle
palabras tan difíciles de pronunciar
salían de quién no hacía mucho aprendió a escribir

y no importa la edad que tengamos
hablamos de igual para igual

como si nuestros cerebros
tuvieran una misma edad eterna
única
marcada de por vida

no te veo menor que yo
ni mucho menos mayor
solo te veo de mi edad
siempre de mi edad

aunque 30 años nos separe
5

10
20

pasaría horas completas hablándote
de todo y de nada
sin cansarnos
sin pausas

días enteros
meses
¿por qué no años?

nuestros cables sueltos se juntan
armoniosamente

y liberamos palabras
sin pensar tanto
sin cansarnos tanto
sin necesidad de preocuparnos
por herir uno al otro

la confianza absoluta
nos rodea
cuando

nuestro desorden nos une
en una conexión inexplicablemente hermosa

te hablo de lo que sea
sin vergüenza a que te rías de mí

puedo contarte todos mis miedos
porque sé que me entenderás
(siempre lo has hecho)

que el reloj se detenga
cuando encontramos a estas geniales personas
que no importa cuantos años tengan

siempre serán de nuestra edad

Resiliencia

caigo muchas veces
pero me pongo de pie
respiro hondo
y vuelvo a intentar

el estrés puede querer ahorcarme
pero jamás me matará

porque mis fuerzas son inmensas

cuando me haces sonreír
me regalas músculos

cuando no estás
me los regalo yo

y es como un secreto guardado
entre mis neuronas y mi corazón

nunca rendirme por completo
nunca desistir del todo

por eso cada vez que estoy dentro del túnel
oscuro y frío
sola
vacía

encuentro escondida en mí misma
mi linterna
mi brújula

abro mis ojos
veo la salida
veo la luz frente a mí

somos más fuertes de lo que creemos
siempre somos mucho más fuertes de lo que creemos

Mi espacio

déjame sola un instante
dame mi espacio

mi cerebro necesita enfriarse
hay neuronas por ordenar

dame cuatro paredes y silencio

mi planeta pide una visita
y no puedo estar siempre aquí

la soledad no es solo útil
es necesaria
es indispensable

y no es que esté deprimida
solo soy así

y soy mucho
ya soy mucho para mí misma

por eso el reloj debe detenerse un poco

por eso mis oídos deben detenerse un poco

a escuchar mis pensamientos

a descifrar mi corazón

para envolverme en calma

para intentar

envolverme en tranquilidad

Final

Podría llenar libros y libros sobre lo que sentimos los autistas, pero la idea era explicar de una manera profunda, las diferencias más sobresalientes de este planeta, y creo que hasta aquí está bien.

Al tener un diagnóstico ya siendo adulta, pasé más de 30 años sin comprender por qué yo era diferente, y sin ser comprendida. Parecer muy normal termina por ser peor en este sentido.

Por otro lado, uno se obliga a adaptarse más, o al menos intentarlo, al "mundo real", lo que puede ser de alguna ayuda.

Al momento de entender mi discapacidad, me puse a estudiar más profundamente el autismo, y al tener el privilegio de conocer muchos otros que tienen lo mismo que yo, pude diferenciar lo que era la personalidad de cada uno y lo que era objeto de nuestra discapacidad.

Existe mucho malentendido respeto a esto, ya que muchos autistas generalizan sus gustos y manera de ser, creyendo que todos somos iguales. Las películas y libros también lo han hecho, lo que es una lástima, ya que muchos creen que han aprendido sobre el autismo, pero lo hacen equivocadamente y terminan por juzgar a todos basándose en estos hechos.

Si no agregué algunos factores al libro es porque no los tengo (ej. algún movimiento repetitivo, necesidad de tomar medicinas, dificultad en el habla, entre otros). Quizás lo más común sería el uso de medicamentos, no para el autismo en sí, sino para problemas como depresión o insomnio. Pero no todos los usamos.

Creo que la mayoría de los adultos con autismo, no saben aún que lo tienen, e infelizmente sufren mucho por ello. Es un alivio muy grande tener un diagnóstico.

Espero que este libro sea de ayuda para todos, tengan autismo o no, y sean o no cercanos a alguien con autismo.

Si abres bien los ojos podrás ver que seguramente conoces a alguien con autismo, aunque nunca te habías percatado de ello.

Así que, ¡no dudes en entrar en nuestro mundo! ¡Serás siempre bienvenido!

Epílogo

Por Antonio Martín

Podría haber escrito este epílogo en buena poesía, y apuros humanos o literarios no tendría.

Julieta me pidió que hiciera el epílogo de su obra "Grito autista" a lo cual gratamente me presté. No soy el más indicado para este menester, pero lo intentaré desde mi prisma personal y "sensibilidad" poética.

Las personas con TEA o Trastorno del Espectro del Autismo son como el mar azul, su color; a veces tranquila y serena, pero otras, tormentosa e inquieta.

La autora Julieta Ax, en esta obra nos cuenta de ella misma, y de otros muchos diferentes "planetas", las diversas inquietudes, problemas de interacción social, comunicación, sensoriales y tantos más que navegan como satélites en estos mundos del autismo.

La capacidad intelectual de las personas con TEA suele ser mayor a la media de la población. Julieta ha enfocado este fluir mental hacia la creatividad plástica y el exponer en poesía todo el sentir interno de su mente; desde la hipersensibilidad a los ruidos, olores o simplemente la luz. La hiperprogramación donde, para muchos de ellos, un simple saludo es interconectar, en cámara lenta, a miles de neuronas para dar una respuesta.

"Las personas simplemente viven" y nosotros solo vivimos..., solos.

"Somos más fuerte de lo que creemos
siempre somos mucho más fuertes de lo que creemos".

TEA no es una enfermedad, y partiendo de esta primicia podríamos decir que hay, o, existen tantos autistas como diferentes tipos de TEA. El autista no es ni mejor ni peor que otras personas "normales", son sencillamente diferentes.

El avance en la investigación de este trastorno, ayuda a la calidad de vida, pero el granito de arena que cada cual podamos aportar, sería una gran ayuda para romper esas barreras de ignorancias y que la "diferencia" sea un nexo de unión de comprensión y respeto.

"(...) abro mis ojos
veo la salida
veo la luz frente a mí."

Agradecimientos

Agradezco a mi marido, por soportar todas mis rarezas y esforzarse por comprenderme cada día más.

También agradezco a todos los primeros lectores de este libro, en Wattpad. Sus comentarios me ayudaron mucho a seguir escribiendo.

¡Mil gracias a todos!

Sobre la autora

Julieta Ax es el seudónimo de Vania C. Machado, que nació en 1982 en una pequeña ciudad ubicada en el centro de Brasil. De pequeña le gustaba escribir poesía y cuentos, pero recién a los 14 años tomó el gusto por la lectura. La culpa no la tuvo ningún poeta, sino la increíble escritora Agatha Christie.

En 2003 ella se casó con un chileno e inmediatamente se enamoró del idioma español, por eso casi todos sus escritos están en este idioma. En este momento su ciudad de residencia es La Serena, Chile.

A los 31 años recibió el diagnóstico de autismo y en 2018 autopublicó sus primeros libros en Amazon. Obsesionada con la escritura, ya tiene muchas obras publicadas en la plataforma Wattpad y en Amazon. Aunque lo que más escribe es la poesía, le encanta escribir libros sobre el autismo, microcuentos, e historias de amor y de ciencia ficción.

Es maestra de profesión, pero lo que más le gusta es el arte en todas sus formas. La música, el mar y los viajes son sus intereses favoritos y por eso siempre están presentes en lo que escribe.

En redes sociales:

@autismo.ax y @ax.julieta en **Instagram**

Julieta Ax en **Facebook**

@AxJulieta en **Wattpad**

Otros libros disponibles en Amazon:

Un día con autismo

Adultos con autismo: La realidad

Perpetua obsesión

No me mires a los ojos, ¡mírame el alma! 20 cartas para mamá

Made in the USA
Coppell, TX
29 March 2023

14907603R00059